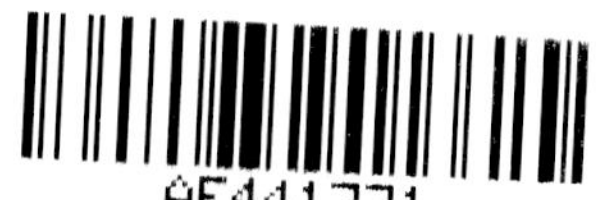

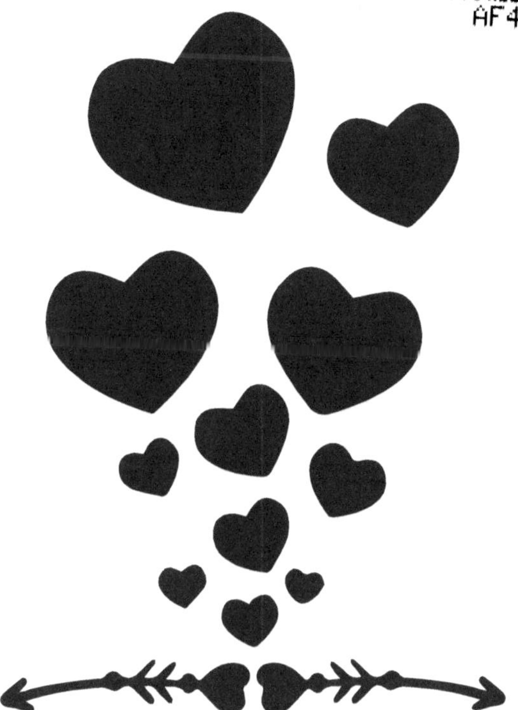

Ce Carnet Appartient À :

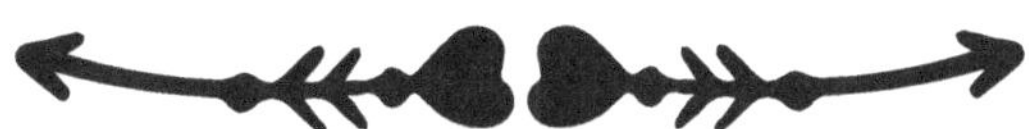

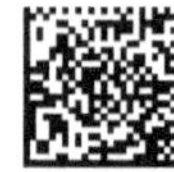

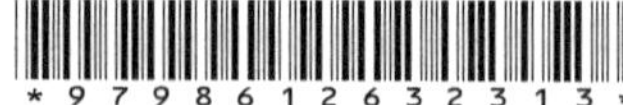
9 798612 632313